CATALOGUE

DES

TABLEAUX

AQUARELLES

DESSINS, GOUACHES, PASTELS, GRAVURES, ETC.,

DÉPENDANT DE LA SUCCESSION

de M. le Président de S... M...,

DONT LA VENTE AURA LIEU A ORLÉANS,

RUE DES FAUCHETS, 17,

Le Jeudi 8 Avril 1875 et Jours suivants,

A MIDI,

Par le ministère de l'un de MM. les Commissaires-Priseurs d'Orléans,
assisté de M. Swagers, artiste-peintre, expert.

EXPOSITION PUBLIQUE,

A ORLÉANS, RUE DES FAUCHETS, 17,

Les Lundi 5 et Mardi 6 Avril 1875, de midi à cinq heures.

ORLÉANS

IMP. ET LITH. E. CHENU, RUE CROIX-DE-BOIS, 21,

1875.

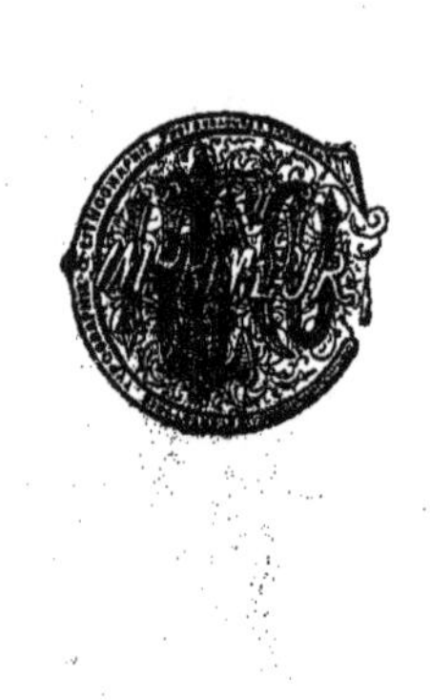

CATALOGUE

DES

TABLEAUX

AQUARELLES

DESSINS, GOUACHES, PASTELS, GRAVURES, ETC.,

DÉPENDANT DE LA SUCCESSION

de M. le Président de S... M...,

DONT LA VENTE AURA LIEU A ORLÉANS,

RUE DES FAUCHETS, 17.

Le Jeudi 8 Avril 1875 et Jours suivants,

A MIDI,

Par le ministère de l'un de MM. les Commissaires-Priseurs d'Orléans,
assisté de M. Swagers, artiste-peintre, expert.

EXPOSITION PUBLIQUE,

A ORLÉANS, RUE DES FAUCHETS, 17,

Les Lundi 5 et Mardi 6 Avril 1875, de midi à cinq heures.

ORLÉANS

IMP. ET LITH. E. CHENU, RUE CROIX-DE-BOIS, 21,

1875.

CONDITION DE LA VENTE :

Au comptant et 6 %, en sus du prix d'Adjudication.

TABLEAUX.

La largeur des cadres est comprise dans les dimensions indiquées en ce Catalogue.

---

1   **ROTTENHAMER** (École allemande).

Repos de la Ste-Famille.

Tableau gracieux d'une grande finesse d'exécution.

Bois. — H. 0 m. 40 c. — L. 0 m. 35 c.

2   **PATEL** (Pierre) le vieux.

Deux paysages, sites d'Italie, avec ruines.

Ces tableaux, d'une parfaite conservation, sont de la meilleure manière du maître.

Bois. — H. 0 m. 40 c. — L. 0 m. 60 c.

3   **ROULBOVT** (signé).

Paysage orné de figures.

Bois. — H. 0 m. 40 c. — L. 0 m. 48 c.

4.   **P. A. D. MARTIN** le jeune (1792) signé, élève de Vandermeulen.

Un groupe d'animaux à l'abreuvoir et des Laveuses dans un riche paysage.

Toile. — H. 0 m. 72 c. — L. 0 m. 92 c.

5   VALENCIENNES (Pierre-Henri).

Entrée d'une Forêt, avec personnages et animaux.

Bois. — H. 0 m. 72 c. — L. 0 m. 92 c.

6   BOURDON (Sébastien).

Le Christ et la Samaritaine.

Toile. — H. 0 m. 70 c. — L. 0 m. 58 c.

7   PRUDHON (Pierre).

Portrait d'un Chanteur italien.

Toile. — H. 0 m. 54 c. — L. 0 m. 47 c.

8   LAAR (Pierre) dit Bamboche.

Une Halte de Cavaliers.

Bois. — H. 0 m. 40 c. — L. 0 m. 53 c.

9   DIÉTRICH (Chrétien-Gustave, E).

Tête de Vieillard.

Bois. — H. 0 m. 38. — L. 0 m. 36 c.

10   ELZHEIMER (Adam).

La Danse des Anges.
La Fuite en Egypte.

Bois. — H. 0 m. 39 c. — L. 0 m. 49 c.

11   VERNET (Joseph) manière de.

Une Marine.

Bois. — H. 0 m. 38 c. — L. 0 m. 46 c.

12

SAUVAGE (M.)

La Marchande d'Amours.

Bas-relief imitant le bronze.

Bois. — H. 0 m. 30 c. — L. 0 m. 40 c.

13

MICHAU (Théobald).

Paysage.

Bois. — H. 0 m. 34 c. — L. 0 m. 41 c.

14

HELMONT (Mathieu Van).

Buveur et Fumeur.

Bois — H. 0 m. 40 c. — L. 0 m. 40 c.

15

FOUCHER (élève de J. Vernet) signé.

Marine (par un gros temps).

Bois. — H. 0 m. 59 c. — L. 0 m. 71 c.

16

MONPER (Josse de).

Deux Paysages avec figures, par J. Breughel.

Bois. — H. 0 m. 62 c. — L. 0 m. 87 c.

17

VELDE (Guillaume Van de) d'après.

Marine, temps calme.

Toile. — H. 0 m. 63 c. — L. 0 m. 71 c.

18

POUSSIN (Nicolas) d'après.

Paysage historique.

Toile. — H. 0 m. 75 c. — L. 0 m. 85 c.

19   ICHARD (C.-F.) signés.

Deux petits tableaux représentant des Animaux.

Sur ardoises ovales. — H. 0 m. 13 c. — L. 0 m. 15 c.

20   VERNET (JOSEPH).

Deux peintures fixées sous glace.

Marines ornées d'un grand nombre de figures.

H. 0 m. 15 c. — L. 0 m. 19 c.

21   J. MALBODUIS (signé).

Jésus-Christ exposé.

Cuivre sans cadre — H. 0 m. 25 c. — L. 0 m. 19 c.

22   SCALKEN (JACQUES).

Un Buveur , effet de lumière.

Toile. — H. 0 m. 75 c. — L. 0 m. 65 c.

23   ÉCOLE ITALIENNE.

Une Tête de Vieillard.

Bois. — H. 0 m. 48 c. — L. 0 m. 60 c.

24   ÉCOLE HOLLANDAISE.

Une Marine.

Bois. — H. 0 m. 37 c. — L. 0 m. 43 c.

25   MONOYER (JEAN-BAPTISTE).

Un Vase de Fleurs.

Toile. — H. 0 m. 80 c. — L. 0 m. 58 c.

26   **VALENTIN** (Moïse).

Le Novice dupé, scène d'intérieur.

Toile. — H. 1 m. 12 c. — L. 1 m. 48 c.

27   **VALLIN.**

Sainte Madeleine en méditation.

Toile. — H. 0 m. 80 c. — L. 0 m. 70 c.

28   **MURILLO** (Barthelémy-Estéban).

Les Mangeurs de Bouillie.

Toile. — H. 0 m. 85 c. — L. 1 m. 04 c.

29   **JAMPIERI** (Dominique) dit le Dominicain.

Le Baptême de Notre-Seigneur Jésus-Christ.

Toile. — H. 1 m. — L. 1 m. 18 c.

30   **SUBLEYRAS** (Pierre).

La Circoncision.

Toile. — H. 1 m. 15 c. — L. 0 m. 78 c.

31   **LOO** (Charles-André Van).

Un Portrait d'Homme vêtu de blanc.

Toile. — H. 0 m. 58 c. — L. 0 m. 48 c.

32   **BOILLY** (Louis-Léopold).

Tête de Jeune Fille ; un ruban bleu rehausse sa coiffure.

Toile. — H. 0 m. 61 c. — L. 0 m. 53 c.

33   **CHARDIN** (Jean-Baptiste-Siméon).

Un Trompe-l'OEil.

Toile. — H. 0 m. 95 c. — L. 1 m. 15 c.

34

SMELHER (K.) signé.

Paysage boisé, site montagneux.

Bois. — H. 0 m. 65 c. — L. 0 m. 82. c.

35

GIORDANO (Le chevallier Luc).

Bacchus tenant une coupe.

Toile. — H. 0 m. 98 c. — L. 0 m. 98 c.

36

REMBRANDT (signé et daté de 1662).

Portrait de Catherine de Médicis.

Bois. — H. 0 m. 58 c. — L. 0 m. 51 c.

37

SANTERRE (JEAN-BAPTISTE).

Tête de Jeune Fille, allégorie.

Toile. — H. 0 m. 51 c. — L. 0 m. 41 c.

38

HUTTEMBURG.

Une Bataille.

Dans une gorge de montagne, deux partis de cavalerie se chargent avec furie.

Bois. — H. 0 m. 73 c. — L. 0 m. 98 c.

39 MARTIN (JEAN-BAPTISTE) dit MARTIN-DES-BATAILLES.

La Cour de Louis XIV assistant à l'attaque d'un camp retranché.

Toile. — H. 0 m. 68 c. — L. 0 m. 80. c.

40

Mme BRUNE, née PAGES.

Jeune Mère veillant sur le berceau deson enfant.

Toile. — 0 m. 74 c. — L. 0 m. 62. c.

41   OUDRY (Jean-Baptiste).

Un Chien d'arrêt, braque français.

Toile. — H. 1 m. 05 c. — L. 1 m. 20 c.

42   TERBURG (Gérard).

Rubis sur l'ongle, scène d'intérieur.

Toile. — H. 0 m. 65 c. — L. 0 m. 55 c.

43   VÉLASQUEZ (Minaya) don François.

Un Concert d'amateurs.

Un Atelier de dentellières.

Ces deux tableaux sont remarquables par la richesse du coloris
et de la composition.

Toiles. — H. 0 m. 58 c. — L. 0 m. 72 c.

44   ÉCOLE VÉNITIENNE.

Jésus et saint Jean enfants, se tenant embrassés.

Bois. — H. 0 m. 44 c. — L. 0 m. 55 c.

45   ÉCOLE FRANÇAISE du XVIIIe siècle.

Jeune Femme en costume de cour cueillant un œillet.

Toile. — H. 0 m. 57 c. — L. 0 m. 49 c.

46   NATOIRE (Charles).

L'éducation de la Vierge.

Toile. — H. 0 m. 68 c. — L. 0 m. 64 c.

47   STELLA (Jacques).

Saint Joseph et l'enfant Jésus.

Cuivre. — H. 0 m. 31 c. — L. 0 m. 26 c.

48   NEEFS (PIERRE) le vieux.

Intérieur d'Eglise, orné d'un grand nombre de figures.

Bois. — H. 0 m. 40 c. — L. 0 m. 50 c.

49   GREUZE (JEAN-BAPTISTE) attribué à.

Tête de Jeune Fille.

Toile. — H. 0 m. 72 c. — L. 0 m. 64 c.

50   POELEMBURG (CORNEILLE).

Des Baigneuses.

Tandis que quelques unes d'entre elles se jouent dans l'onde,
d'autres se reposent sur la grève.

Bois. — H. 0 m. 41 c. — L. 0 m. 46 c.

51   MICHAU (THÉOBALD).

Un Paysage très-accidenté et animé par de jolis
groupes de figures.

Bois. — H. 0 m. 30 c. — L. 0 m. 42 c.

52   SANTERRE (JEAN-BAPTISTE).

Une Femme cousant.

Toile. — H. 0 m. 52 c. — L. 0 m. 45 c.

53   CARRACCI (ANNIBAL).

La Vierge, Jésus et saint Jean,
des Anges dans le ciel.

Toile. — H. 0 m. 51 c. — L. 0 m. 58 c.

54   LEUSEUR (EUSTACHE) attribué à.

Saint Bruno en prières.

Toile. — H. 0 m. 82 c. — L. 0 m. 72 c.

55   BOOTH (André).

Paysage avec figures et animaux.

Toile. — H. 0 m. 52 c. — L. 0 m. 65 c.

56   RIBBERRA (Joseph, dit l'Espagnolet).

Un Capucin en prières.

Toile. — H. 0 m. 96 c. — L. 0 m. 80 c.

57   ZORG (Henri-Martin).

La Toilette, tableau de genre.

Bois. — H. 0 m. 66 c. — L. 0 m. 80 c.

58   LECLERC (Jacques-Sébastien, dit Leclerc
                des Gobelins).

Diane sortant du bain.

Ses nymphes se préparent à procéder à sa toilette.

Cuivre. — H. 0 m. 60 c. — L. 0 m. 50 c.

59   SWANVELT (Herman).

Paysage avec chute d'eau.

Un groupe de figures mythologiques orne le premier plan du tableau.

Toile. — H. 0 m. 60 c. — L. 0 m. 74 c.

60   CALLOT (Jacques).

Les Brigands dans leur repaire.

Bois. — 0 m. 45 c. — L. 0 m. 60 c.

61   VERDUSSEN.

L'Orage, paysage orné d'un grand nombre de figures
                et de cavaliers.

Bois. — H. 0 m. 48 c. — L. 0 m. 58 c.

62

ÉCOLE ITALIENNE.

Un Père de l'Église.

Toilé. — H. 0 m. 80 c. — L. 0 m. 70 c.

63

MICHEL, J. (signé).

Figures par SWEBACH.

Paysage accidenté.

Un convoi suit la côte et débouche dans la plaine.

Bois. — H. 0 m. 70 c. — L. 0 m. 85 c.

64

BRASSAUW (signés).

Trois Tableaux formant suite :

1° Le petit Moissonneur ;

2° Les Bulles de Savon ;

3° Le petit Forgeron.

Bois. — H. 0 m. 28 c. — L. 0 m. 25 c.

65

COYPEL (NOEL).

Amphitrite

Toilé ovale. — H. 0 m. 85 c. — L. 0 m. 80 c.

66

LEPRINCE (JEAN) le vieux.

Un Roi d'Asie coiffé d'un turban.

Toile. — H. 0 m. 39 c. — L. 0 m. 29 c.

67

PALAMÈDES.

Des Soldats jouant aux dés sur un tambour.

Cuivre. — H. 0 m. 27 c. — L. 0 m. 38 c.

68   **DICK** (Antoine, Van).

Le Christ apparaissant aux nations.

Tableau riche de couleur et de composition : d'une belle
conservation.

Toile. — H. 1 m. 5 c. — L. 1 m. 35 c.

69   **MORALÈS** (Louis) dit el divino.

Un portrait de saint Jacques le Mineur.

Bois. — H. 0 m. 35 c. — L. 0 m. 29 c.

70   **DUSART** (Corneille).

Une lutte au cabaret.

Petit tableau d'une exécution remarquable.

Bois. — H. 0 m. 37 c. — L. 0 m. 27 c.

71   **RUBENS** (Pierre-Paul).

Tête de vieux Mendiant (étude).

Toile. — H. 0 m. 59 c. — L. 0 m. 49 c.

72   **ÉCOLE ITALIENNE MODERNE.**

Jésus tenant la boule du monde.

Toile. — H. 0 m. 90 c. — L. 0 m. 72 c.

73   **LE PRINCE** (Jean) le vieux.

Jour de Fête.

Jour de Deuil.

Deux charmantes têtes de femmes.

Bois. — H. 0 m. 27 c. — L. 0 m. 23 c.

74   **MEER** (Jean, Van der).

Deux Paysages d'une grande finesse.

Bois. — H. 0 m. 20 c. — L. 0 m. 24 c.

75   **MANA** (Angélo).

Une Marine.

Sur le premier plan, on voit les ruines d'un temple d'ordre Ionique.

Cuivre. — H. 0 m. 23 c. — L. 0 m. 24 c.

76   **SWEBACH** (dit Fontaine).

Deux tableaux formant pendants.

Sur l'un, un convoi militaire défile à l'arrière plan, tandis que sur le devant, un cavalier, monté sur un cheval blanc, semble éclairer la route.

Sur l'autre, au fond un camp d'où part une reconnaissance ; et sur le premier plan, un cavalier, casqué et cuirassé, enlève son cheval au galop.

Toiles. — H. 0 m. 29 c. — L. 0 m. 37 c.

77   **EIZEN** (F. le Père) 1765, signés et datés.

Deux Tableaux d'intérieur.

L'un représente un savant dans son cabinet.

L'autre, un amateur assis près d'une fenêtre et examinant des gravures qu'il vient de tirer d'un portefeuille.

Bois. — H. 0 m. 38 c. — L. 0 m. 32 c.

78   **CRAESBEKE** (Jean).

Un Buveur tenant un flacon et un verre.

Bois. — H. 0 m. 23 c. — L. 0 m. 20 c.

79   **CUYP** (le vieux).

Une Vache couchée (étude).

Bois. — H. 0 m. 25 c. — L. 0 m. 32 c.

80   **CHAPRON.**

Deux Tableaux formant pendants.

David annonçant sa mission au Roi des Juifs.
Et le triomphe de David.

Bois. — H. 0 m. 38 c. — L. 0 m. 46 c.

81

LANN (Van der).

Les Joueurs de tric-trac.

Toile. — H. 0 m. 65 c. — L. 0 m. 75 c.

82

TIÉPOLO.

Laveuses à la fontaine.

Toile. — H. 0 m. 29 c. — L. 0 m. 37 c.

83

HOREMANS.

Intérieur, beau coloris, conservation parfaite.

Toile. — H. 0 m. 57 c. — L. 0 m. 70 c.

84

ELZHEIMER (Adam).

Bacchanale.

Cuivre. — H. 0 m. 20 c. — L. 0 m. 24 c.

85

HEEMSKERK (Egbert, Van), le vieux.

Vieillard examinant une pièce de monnaie.

Bois. — H. 0 m. 34 c. — L. 0 m. 28 c.

86

CARRACCI (Annibal).

Repos de la Sainte-Famille.

Les Anges s'empressent de servir l'Enfant Dieu.

Toile. — H. 0 m. 55 c. — L. 0 m. 72 c.

87

TEMPESTA.

Marine.

Toile. — H. 0 m. 47 c. — L. 0 m. 57 c.

88

GREUZE (Jean-Baptiste).

Les heureux Parents.

Derrière le tableau se trouve cette mention :
Greuze, chevallier, 1768.

Bois. — H. 0 m. 70 c. — L. 0 m. 81 c.

89   **ÉCOLE FRANÇAISE du XVIII° siècle.**

Portrait avec la note suivante du temps :

Sʳ Marie-Louise de la Miséricorde.
Ci-devant Duchesse de La Vallière.

Toile. — H. 0 m. 92 c. — L. 0 m, 72 c.

90   **CUYP (Albert).**

Des Bergers découvrent Cambise.

Tableau d'un coloris riche et d'une grande ordonnance.

Toile. — H. 0 m. 87 c. — L. 1 m. 20 c.

91   **MONOYER (Baptiste).**

Fleurs semées.

Toile ovale. — H. 0 m. 80 c. — L. 0 m. 95 c.

92   **CRESPI (Maria) dit L'Espagnol.**

La Confirmation.

Ce tableau fait partie des sept sacrements catalogués **dans**
les œuvres du maître

Toile. — H. 1 m. 45 c. — L. 1 m. 15 c.

93   **VÉLASQUEZ.**

Apothéose.

Toile. — H. 0 m. 66 c. — L. 0 m. 84 c.

94   **VERNET (Joseph) attribué à.**

Une marine, effet d'orage.

Toile. — H. 0 m. 85 c. — L. 1 m.

95   **VERNET (Horace).**

Après le combat, sujet tiré de la carrière militaire
du comte d'Esteing.

Toile. — H. 0 m. 80 c. — L. 0 m. 96 c.

96 **SAUVAGE (M.)**

Une Grisaille, portant la date de 1787.

Toile. — H. 0 m. 50 c. — L. 0 m. 40 c.

97 **NATTIER** (Jean-Mari).

Portrait d'une dame de la cour de Louis XIV.

Elle est représentée en hébée, elle tient une coupe et près d'elle
se trouve l'oiseau de Jupiter.

Toile. — H. 1 m. 60 c. — L. 1 m. 20 c.

98 **COURTOIS** (Jacques), dit le Bourguignon.

Portrait d'un homme de guerre, du temps de Louis XIV.

Toile ovale. — H. 0 m. 85 c. — L. 0 m. 75 c.

99 **ÉCOLE FRANÇAISE** de la fin du XVIIe siècle.

Portrait de Femme, vêtue d'un corsage de velours rouge.

Toile. — H. 0 m. 65 c. — L. 0 m. 55 c.

100 **ÉCOLE FRANÇAISE** du XVIIIe siècle.

Portrait de Femme.

Toile. — H. 0 m. 96 c. — L. 0 m. 80 c.

101 **ÉCOLE FRANÇAISE** du XVIIIe siècle.

Portrait d'Homme, vêtu d'un habit brun et d'un
manteau rouge.

Toile. — H. 0 m. 92 c. — L. 0 m. 77 c.

102 **ÉCOLE FRANÇAISE** du XVIIIe siècle.

Deux portraits d'Homme.

Deux portraits de Femme.

Toiles ovales. — H. 0 m. 80 c. — L. 0 m. 70 c.

103   ÉCOLE FRANÇAISE du XVIIe siècle.

Portrait de Femme, vêtue de brocard d'or.

Toile. — H. 0 m. 96 c. — L. 0 m. 80 c.

104   ÉCOLE HOLLANDAISE.

Un Tableau de Salle à manger, sur toile.
Id.   Id.   sur bois.

H. 0 m. 62 c. — L. 0 m. 90 c.

105   Sous ce numéro seront vendus tous les objets
non catalogués.

DESSINS, PASTELS, AQUARELLES, GOUACHES.

1   PERELLE (Nicolas).

Deux dessins à la plume et au bistre (signés).

2   WEYROTTER (François-David).

Une Falaise au bord de la mer, dessin au bistre (signé).

3   BLIN (Francis).

Une Gouache ovale, signée.

4   LANTARA (Simon-Mathurin).

Deux paysages : effets de lune, dessins au crayon noir
rehaussés de blanc, (signés).

5   LAJOUE (Jacques).

Vue prise dans le parc de Versailles, gouache.

6   **ESEIN** (CHARLES).

Deux dessins à la mine de plomb, signés
et datés 1772-1773.

7   **NICOLE.**

Deux aquarelles : vues prises à Rome.

8   **COYPEL** (NOEL).

Une gouache ovale : sujet mythologique.

9   **ÉCOLE FRANÇAISE.**

Un portrait médaillon.

10   **PILLON** (ERNEST).

Un dessin à la plume.

11   **OUVRIÉ** (JUSTIN).

Une vue de Rouen, aquarelle (signée et datée 1825).

12   **LEBRUN** (CHARLES).

La clémence d'Alexandre, dessin au bistre,
rehaussé de blanc.

13   **CHARDIN** (JEAN-BAPTISTE-SIMON).

Un intérieur de famille, dessin à l'encre de Chine teintée.

14   **ESTOUR** (F. D.)

Paysage : cour de ferme, dessin au bistre rehaussé
de blanc.

15   **NICOLE.**

Une Aquarelle.

16   CLERVAU.

Ruines et Personnages, gouache signée et datée 1775.

17   GIRODET.

Quatre Portraits de femme, dans un même cadre,
crayons rehauss.'₃.

18   MANSSON.

Vue du vieux Paris : un Bûcher, aquarelle signée
et datée 1842.

19   JACQUES-COURTOIS (dit le Bourguignon).

Un choc de cavalerie, dessin rehaussé (signé).

20   WATELET.

Un Paysage, dessin au crayon noir (signé).

21   F. DESTOUR.

Un Paysage, dessin à l'encre de Chine, rehaussé.

22   WILLE (F.-G.).

Un Paysage, dessin au crayon noir, signé et daté 1755.

23   PALMÉRIUS.

L'Olympe, dessin au bistre, rehaussé de blanc.

24,   KOBELL.

Un Paysage, dessin à la sanguine, portant l'estampille
de M. de Bizemont.

25   DIETSING.

Un paysage, dessin au crayon noir.

26   DESFRICHES.

Vue de l'une des portes d'Orléans, grand dessin au crayon,
orné d'un grand nombre de figures.

Sous le même numéro, seront vendus :
Neuf autres Dessins Paysages, du même artiste.

27   LAURENTY.

Animaux au pâturage, eau-forte, signée.

28   NOILE.

Deux Paysages, gouaches, signées, datées **1781.**

29   SWÉBACH père, dit Fontaine.

Un Dessin à l'encre de Chine, rehaussé de blanc.

30   P. A. WILLE fils, 1809.

Une Tête de Vieillard, dessin à la plume, signé et daté.

31   BOILLY.

Jeune Femme lisant, dessin à la seppia, rehaussé.

32   WATTEAU (Louis).

Portrait de Mademoiselle Clairon, dessin au crayon,
au bas duquel on lit :

Je suis, dit la chronique, un enfant de l'amour,
Mes amis, plus galants, me prétendent sa mère,
Mais quel que fût le sort qui me donna le jour,
On m'a vue reine de Cythère,
Et tous les dieux ramper en me faisant la cour.   Alix.

33   WATTEAU (Antoine).

Groupe de Personnages, dessin aux trois crayons,
signé des initiales.

34   J.-B. HUET.

Des Oiseaux : deux aquarelles, signées, datées 1772.

35   BOOTH (JEAN).

Un Paysage avec figures et animaux, dessin au bistre.

36   SUBLEYRAS.

Un Dessin à la seppia et à l'encre de Chine.

37   BERGHEM (NICOLAS).

Un Paysage, dessin en couleur.

38   ÉCOLE FLAMANDE.

Un Paysage, dessin à l'encre de Chine, portant l'estampille de M. de Bizemont.

39   LAURENT DE LAHIRE.

Un Dessin au crayon noir.

40   PROCACCINI (JULES).

Un Bas-relief, dessin au bistre.

41   V. GOIËN.

Deux Fêtes flamandes, dessins à l'encre de Chine, signés et datés 1625.

42   L.-F. CASSAS.

Deux Paysages, dessins à l'encre de Chine, signés et datés.

43   ZINGG.

Deux Paysages, dessins à l'encre de Chine, signés.

44   SCHEFFER (Ary).

La Pologne vaincue, aquarelle gouachée.

45   VIGÉE (Louis).

Un Portrait d'homme, pastel signé et daté 1773.

46   ÉCOLE FRANÇAISE du XVIIIᵉ siècle.

Deux Portraits d'homme, pastels.

GRAVURES

(ENCADRÉES)

1   Six Batailles, d'ALEXANDRE.
Gravées par TARDIEU.

2   Deux Kermess, de TENIERS.
Gravées par TARDIEU.

3   Charles Iᵉʳ et sa Famille.
Gravure avant la lettre.

4   Christ à la colonne, de MICHEL-ANGE.
Gravé par BENOIT jeune.

5   Trois Marines, d'après VERNET (Joseph).
Gravées par J.-J. BALECHOU, d'Avignon.

6   Vénus et l'Amour, de BATTONI.
Gravé par PERPORATI.

7   **Le Jugement de Pâris et la Danse des Nymphes,
de Van der Werf.**

Gravées par Blot et Desnoyers

8   **Bélizaire, de Gérard.**

Gravé par Desnoyers.

9   **Mort du général Wolfe, par de Bellest.**

Gravé par Woollet.

10   **Les Bons Amis, d'Adrien Ostadt.**

Gravé par Wille.

11   **Le Concert de Famille, de Schalken.**

Gravé par Wille.

12   **Les Bulles de Savon, de Miéris.**

Gravure avant la lettre.

13   **Les Musiciens ambulants, de Diétrici.**

Gravé par Wille.

14   **L'École Flamande, par Eisen.
L'École Hollandaise, du même.**

Gravées par J. Ouvrier.

15   **La Cléopâtre, de Gaspard Netcher.**

Gravé par Wille.

16   **Portrait de Philippe IV, par Ponshius.**

Imp. et lith. E. CHENU, à Orléans.

www.ingramcontent.com/pod-product-compliance
Ingram Content Group UK Ltd.
Pitfield, Milton Keynes, MK11 3LW, UK
UKHW031712170726
13836UKWH00001B/195